Coloring Cuteness

Also by Claire Belton

I Am Pusheen the Cat
The Many Lives of Pusheen the Cat
Pusheen the Cat's Guide to Everything
Pusheen Coloring Book
Mini Pusheen Coloring Book
Let's Bake!: A Pusheen Cookbook

Coloring Cuteness

Pusheen®
Coloring & Activity Book

Claire Belton

G

GALLERY BOOKS

New York London Toronto Sydney New Delhi

GALLERY BOOKS

An Imprint of Simon & Schuster, Inc.
1230 Avenue of the Americas
New York, NY 10020

Copyright © 2023 by Pusheen Corp.

First Gallery Books trade paperback edition November 2023

GALLERY BOOKS and colophon are registered trademarks of Simon & Schuster, Inc.

For information about special discounts for bulk purchases,
please contact Simon & Schuster Special Sales at 1-866-506-1949
or business@simonandschuster.com.

The Simon & Schuster Speakers Bureau can bring authors to your live event.
For more information or to book an event, contact the Simon & Schuster Speakers Bureau
at 1-866-248-3049 or visit our website at www.simonspeakers.com.

Manufactured in the United States of America

5   7   9   10   8   6

ISBN 978-1-6680-4788-0

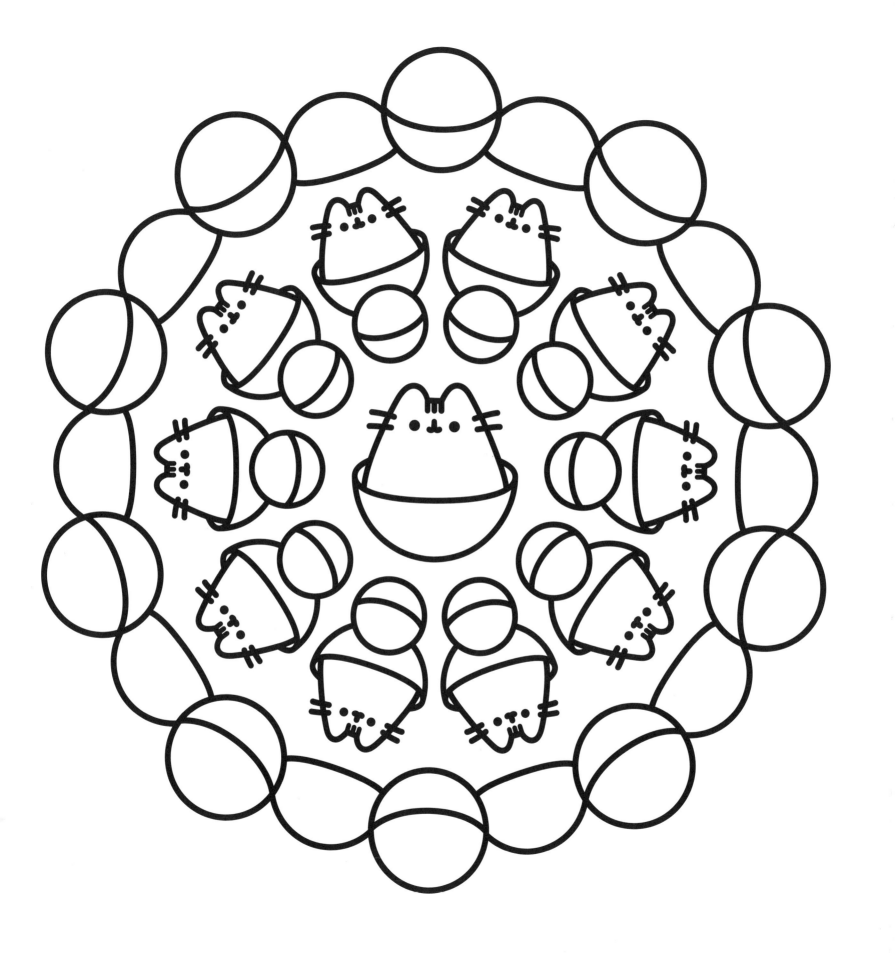

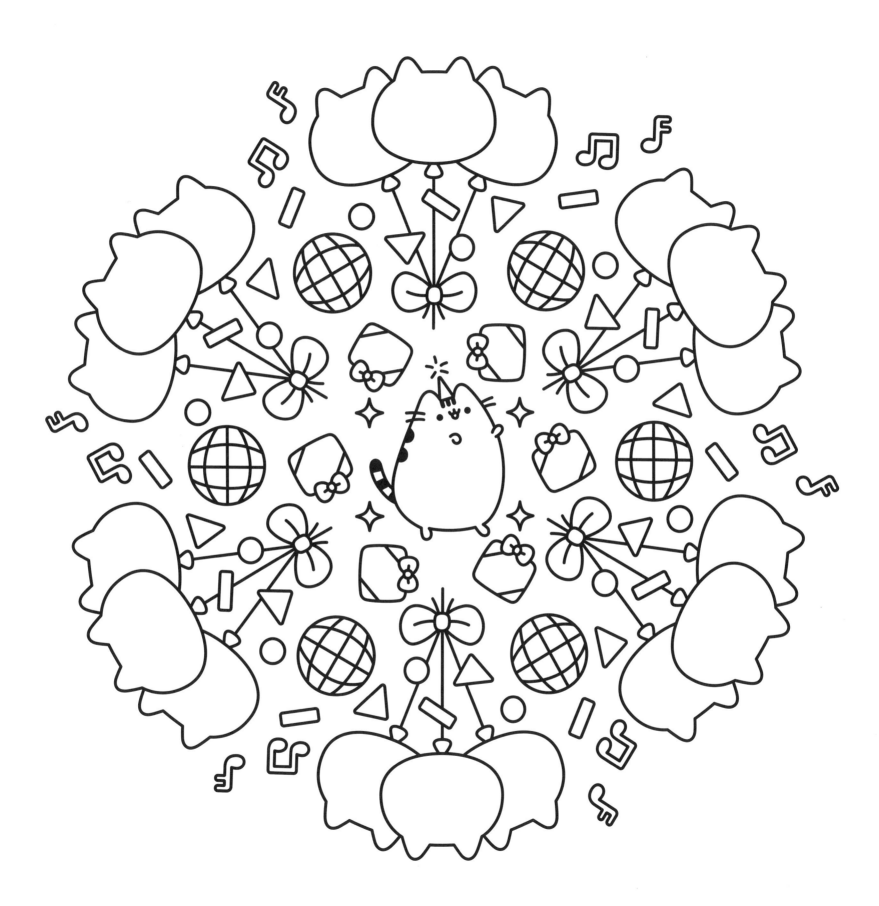

Design your own latte art!

Design your own lattes on the next page
any way you like!

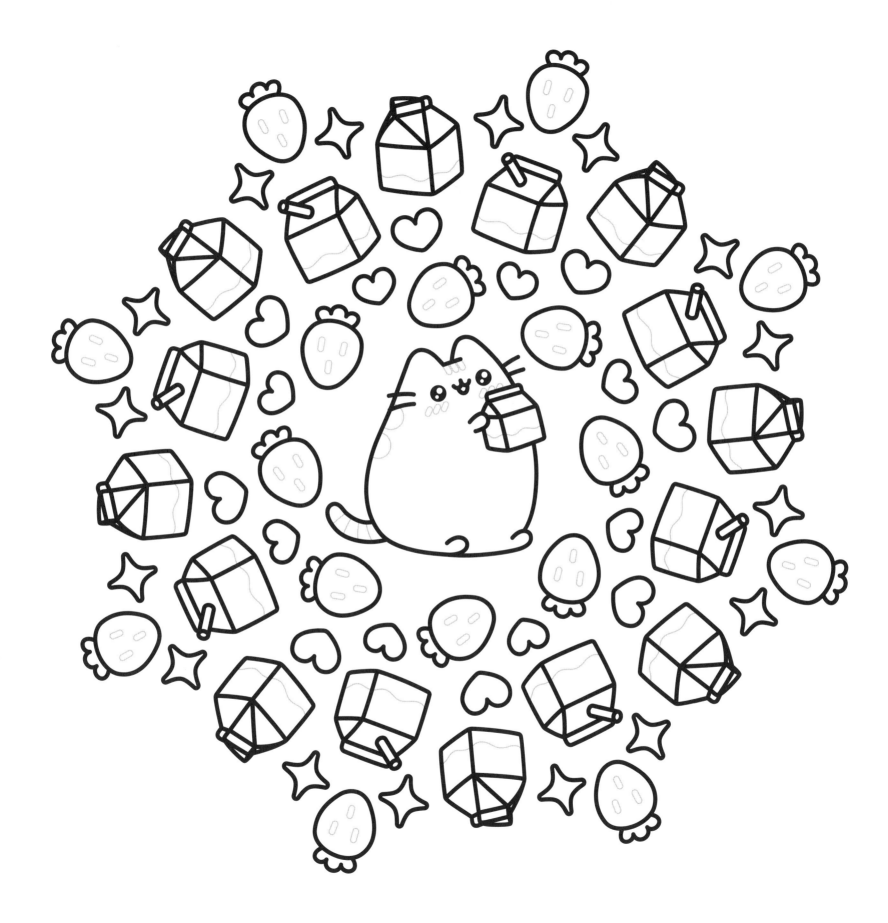

Connect the bobas!

Connect the clear bobas on the next page!

Which BREAKFAST FOOD Are You?

Cereal
Granular
In a hurry

Pancakes
Flippant
Layered

Coffee
No fuss
Get up & go

Egg
Popular
Versatile

Bagel
Travels well
Warm

Avocado Toast
Trendy
Balanced

Waffle
Sweet
Hidden depths

Orange Juice
A little tart
Main squeeze

Can you spot the 5 differences?

The Habitats of Pusheen Breads

Toaster

Bread box

Basket

Bag

Find the missing breads!

Can you find all the hidden words on the next page?

```
N L E U D T Q B R L C W C S T
H Y A B V Z Q E R J O Y X S B
R P V U B C I X W E H A A V W
B Y N N X Z D F T Z A O F B F
S O U R D O U G H E T D T A M
M R E H F A V O W Q B A Y S N
D B B V A N P Z L T H M C B B
Q A L H N B D A T N Z N C Z C
A G X U C X A Y U B V A N N R
Q E T W H K W G T F U M Z U F
L L Q U N J W V U Y I Y P X E
I K G C N X R D E E R W O L N
Q G O I Z C I A B A T T A C A
Y E L E E V D H O Y W T O G T
C R O I S S A N T J J L E B C
```

ciabatta
bun
loaf
bagel
baguette

croissant
rye
toast
bread
sourdough

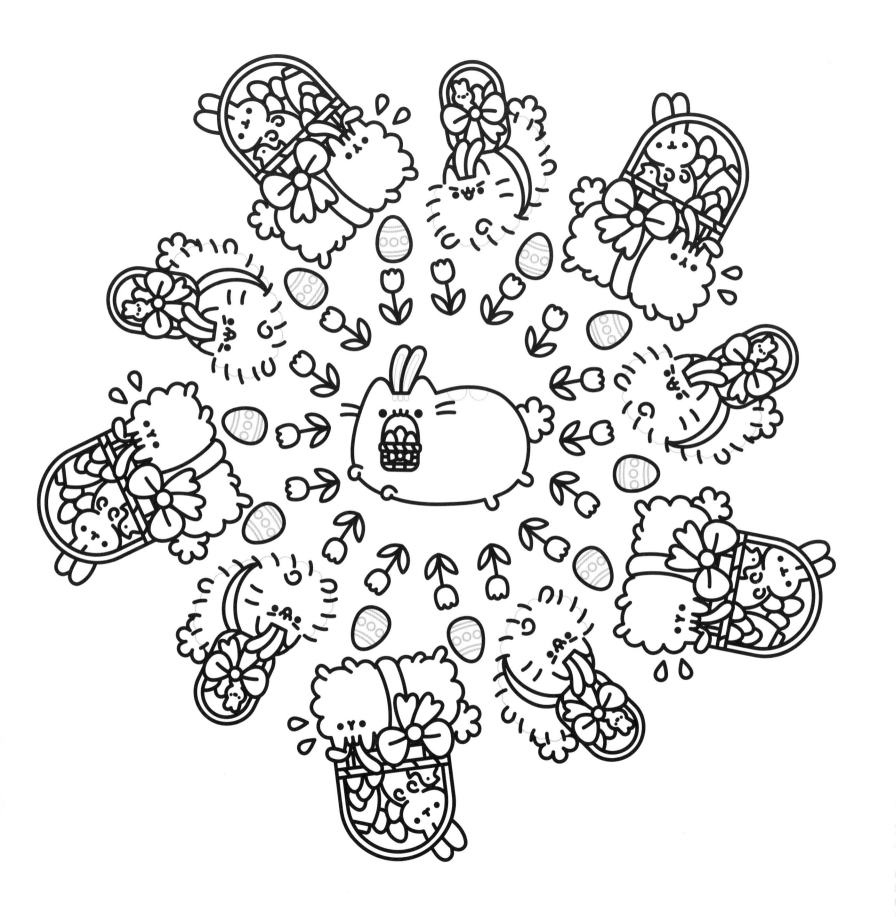

Design your own bouquet!

Draw and color your favorite flowers
in the bouquet on the next page!

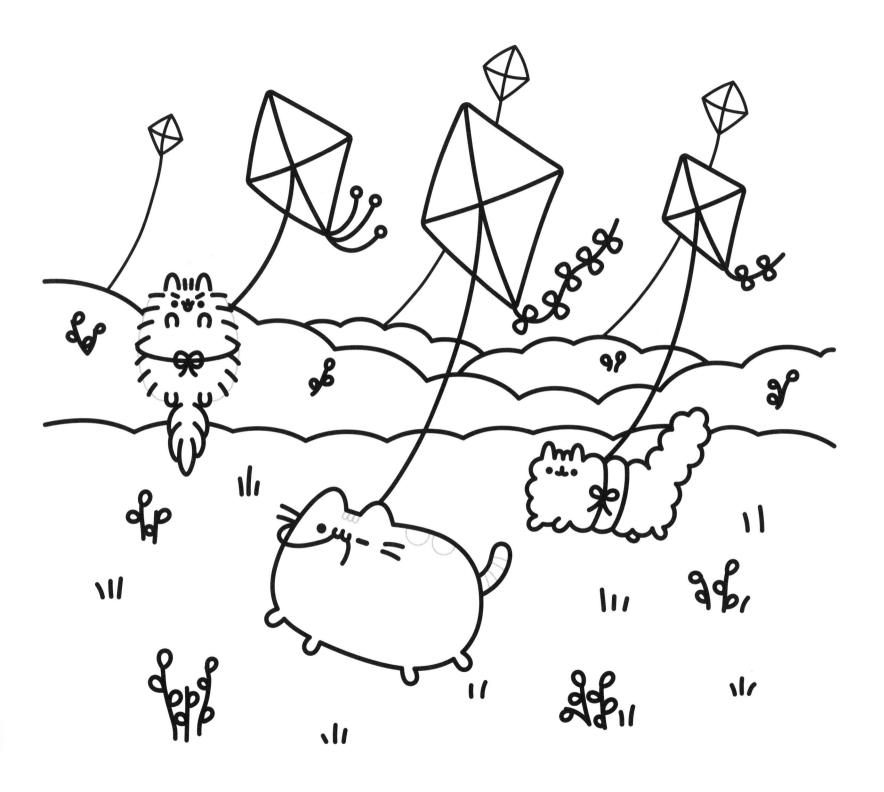

Design your own fireworks!

If you could create your own fireworks, what would they look like?
Draw and color them on the next page!

Can you spot the 5 differences?

Create your own snowman!

Decorate your own snowman
on the next page!

Missing Breads Answer Key

N L E U D T Q B R L C W C S T
H Y A B V Z Q E R J O Y X S B
R P V U B C I X W E H A A V W
B Y N N X Z D F T Z A O F B F
S O U R D O U G H E T D T A M
M R E H F A V O W Q B A Y S N
D B B V A N P Z L T H M C B B
Q A L H N B D A T N Z N C Z C
A G X U C X A Y U B V A N N R
Q E T W H K W G T F U M Z U F
L L Q U N J W V U Y I Y P X E
I K G C N X R D E E R W O L N
Q G O I Z C I A B A T T A C A
Y E L E E V D H O Y W T O G T
C R O I S S A N T J J L E B C

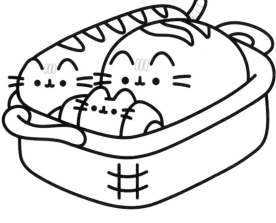

ciabatta
bun
loaf
bagel
baguette

croissant
rye
toast
bread
sourdough